AF563635

MONOGRAPHIE

DE LA FAMILLE

DE

LA MORTE-LAVAL

PAR

LE COMTE DE MIRIBEL

GRENOBLE
IMPRIMERIE ALLIER FRÈRES
26, Cours de Saint-André, 26
1903

Extrait du *Bulletin de l'Académie delphinale*, 4e série, t. XVI.

MONOGRAPHIE

DE LA FAMILLE

DE

LA MORTE-LAVAL

PAR

LE COMTE DE MIRIBEL

MESSIEURS,

Tous, que des liens divers mais également solides, attachent à notre belle province, qui en aimons les vieux souvenirs et les anciennes traditions, nous devons chercher à tirer de l'oubli ceux que le temps, les mœurs, les passions, peut-être, y ont fait entrer.

Il est bon de parler d'eux, de leurs qualités, de leurs défauts même; car si ces morts sont à nous, nous leur appartenons aussi. Ils nous ont faits et nous tenons d'eux.

En lisant le nobiliaire de Chorier, vous avez probablement été frappés par la phrase si typique dans son laconisme dont il fait suivre sa courte notice sur les La Morte-Laval :

« Peu de familles ont donné tant de leur sang, en si peu de temps, au service de leur Prince et à la gloire de leur pays. »

Qui pourrait dire à l'heure présente ce qu'a été cette maison disparue depuis un siècle et demi et qui a duré à peine cent trente-cinq ans ?

Elle n'a pas eu, en effet, de charges bien importantes ; l'éclat de ses dignités n'a rien eu de très brillant et l'histoire n'a rien retenu.

Cependant, un simple bourgeois de Die nommé trésorier provincial de l'extraordinaire des guerres, devenu par sa finesse et son honnêteté l'ami de Lesdiguières, au point d'être employé par lui en des missions les plus délicates, qui, après huit années de fonction dans sa charge, a déjà rendu tant de services qu'il obtient la noblesse ; enfin, qui la paye avec la vie d'un frère, de trois fils et d'un arrière-petit-fils : cinq morts pour la patrie en quatre générations, cela m'a semblé intéressant.

Jean-François de La Morte était, en 1570, un bourgeois très aisé de Die. Il avait à la ville une maison et à la campagne une propriété où se trouvaient des moulins. A peu près à cette date il épousait une demoiselle de bonne famille du Trièves, Louise d'Armand.

Tous les deux étaient de la religion prétendue réformée.

Huit enfants naquirent de cette union.

Jean, né le 7 juillet 1576, fut anobli en 1606.

Claude se maria le 21 janvier 1632 à Vif avec Anne Magnan, fille de Jean Magnan[1]. Il continua par sa descendance les traditions de bonne bourgeoisie de ses parents.

En effet, son fils Étienne épousa le 21 janvier 1664 Marguerite de Vulson. Elle était fille de noble Jean de Vulson et de Mlle d'Ambel.

De ce mariage fut Jean-François.

Cette branche existait encore en 1874 en la personne de Charles de La Morte de Franconnière, général de brigade, lequel mourut à Saint-Marcel-lès-Valence ne laissant pas d'enfant de son mariage avec Mlle Quiot du Passage[2].

Jacques, après avoir fait ses études, s'établit docteur-avocat. Il est l'auteur de la famille actuelle des Lamorte-Félines[3].

Pierre se fixa en Valdrome et eut de nombreux enfants.

Louis, qualifié seigneur de la Suze, prit le métier des armes et devint capitaine-major au régiment de Vernatel.

Pendant le siège d'Orbitello en 1647 il reçut dans la tranchée plusieurs coups de piques et de mousquets, fut tué raide et enterré sur place.

Il avait testé en 1643 en faveur de son frère Claude, à la charge de remettre l'héritage à l'un de ses enfants. Cette clause est exécutée en 1668 en faveur de son neveu Étienne.

[1] Elle était probablement la petite-fille de Pierre Magnan, gouverneur de La Motte-Chalancon : « escorché vif et mutilé en ses membres un à un » lors de la prise de cette place par les protestants, en 1575.

[2] *Essai historique sur le Vercors*, par l'abbé Fillet.

[3] *Ibid.*

Théaude épousa Jean Dupuy.

Ysabeau s'unit à un notaire de Die, Daniel Jourdan.

Marie, de son mariage avec Jean Planté, eut quatre filles : Françoise, Catherine, Louise et Madeleine.

Claude d'Armand, oncle maternel de Jean de La Morte, était trésorier de l'extraordinaire des guerres en Dauphiné. Il se démit de sa charge le 10 juillet 1598 et pria le roi de la remettre à son neveu qui travaillait déjà sous sa direction depuis plusieurs années. Cette demande fut agréée. Après l'enquête du Parlement, les droits de mutation payés, la nomination de Jean de La Morte fut définitivement enregistrée le 17 septembre 1599, comme l'indiquent les lettres données par François de Bourbon, prince de Conty, gouverneur et lieutenant général pour le roi en Dauphiné.

La fonction de trésorier provincial de l'extraordinaire des guerres consistait à payer la solde des troupes tenant garnison dans la province, ainsi que les appointements des gouverneurs et lieutenants généraux. Elle donnait droit à l'exemption des tailles.

Jean de La Morte remplit dignement les devoirs de sa charge. Ils étaient fort compliqués à cette époque, car la proximité d'un voisin ambitieux et turbulent rendait les mouvements de troupes fréquents.

Le lieutenant général n'hésitait pas, suivant les circonstances, à modifier les instructions reçues, à dégarnir subitement une place pour en renforcer une autre, à faire varier les effectifs de ses capitaines. Ses ordres donnés rapidement et verbalement devaient embrouiller singulièrement la comptabilité, surtout lorsqu'il faisait de ses

Gouverneur du Dauphiné 1595-1602.

propres deniers les avances de fonds nécessaires, quitte à se faire rembourser plus tard [1].

Lesdiguières, qui avait reconnu chez son trésorier de l'extraordinaire des guerres des qualités toutes particulières d'intelligence et que le roi avait dû apprécier pendant la campagne de 1600, où il était venu en Dauphiné prendre en personne le commandement de l'armée, l'envoya au mois de mars 1601, auprès d'Henri IV pour lui faire entendre comment Charles-Emmanuel exécutait le traité signé à Lyon au mois de janvier précédent. Il était chargé de le prévenir que l'armée ennemie était casée sur pied en la frontière de Piémont, de lui signaler plusieurs autres particularités touchant la restitution des places et la manière dont le duc de Savoie entendait la paix.

En 1604, au mois de décembre, il fut renvoyé à Paris pour dire bien au vrai les entreprises que l'étranger avait sur plusieurs places de la province. Aussi, le 7 juin 1606, des lettres de noblesse vinrent le récompenser de la façon dont il avait exécuté ces différentes missions [2].

[1] Je Anthoine Jossier, conseiller du Roy, trésorier général de l'extraordinaire des guerres du costé dela les monts, confesse avoir reçu comtant, en plusieurs fois, de Monseigneur le connestable, la somme de vingt mil deux cents trente deux livres seize sols à moy ordonné par mon dit seigneur le connestable et de laquelle il fait prest à Sa Majesté pour icelle estre employée au faict de ma charge, mesme pour faire des prest aux régiments de gens de guerre à pied françois des sieurs comte de Sault, Ferrieres, La Grange et Sérigny pour leur donner moien de vivre attendant la monstre, et aultres despenses nécessaires au blocus et siege de Mevolhion, ainsi qu'il me sera ordonné. Et laquelle somme de 20232 livres 16 sols je quitte mon dit seigneur le connestable et tous aultres, et icelle promets tenir bon compte au Roy.

Fait le 9 septembre 1626.

[2] Au mois de janvier 1606, la charge de conseiller maître auditeur en la Chambre des comptes, qui avait été supprimée au dé-

Les considérations suivantes les accompagnèrent :

« La vertu pour son excellence fait à rechercher d'un chacun, mais il se trouve peu de résolus à franchir les difficultés qui s'opposent à sa poursuite, s'ils ne sont poussés de voir leurs peines récompensées de quelque titre d'honneurs ; ayant la nature gravé un certain désir de gloire en l'esprit des travaux, qui les porte à mesurer leurs actions au pied d'icelles ; que si cette reconnaissance était éclipsée des Républiques, peu voudrait s'exposer aux labeurs et travaux auxquels principalement le service de leur Prince et Bien public appellent souvent leur vertu. C'est pourquoi nos prédécesseurs Roys ont toujours pris un singulier soin d'élever en honneurs, charges et dignités, les personnes qui par quelques actes vertueux s'en sont rendues capables ; afin de servir tant de récompense à leur vertu que d'aiguillon aux autres de bien faire sous espoir de bien recevoir ; et sur ce voulant de notre part rien omettre en la reconnaissance de ceux qui, suivant ces honorables vestiges, ont fait preuve de leur vertu et affection au bien de notre État...... »

Les armoiries concédées sont :

« D'argent semé de mouchetures d'hermine de sable, à l'oranger de sinople chargé de trois oranges d'or, terrassé de sinople, mouvant de la pointe de l'écu. »

Ces lettres d'anoblissement furent enregistrées au Parlement de Grenoble et publiées le 30 novembre 1607 par le gouverneur du Dauphiné, Charles de Bourbon, comte de Soissons, grand-maître de France.

cès de Claude d'Armand, fut rétablie pour lui aux gages de 404 livres 3 sous 6 deniers. Il la résigna en faveur de Antoine Perot.

Parmi les Lis croißans au iardin de la France,
Cestuicy se fait voir dvne telle vigueur,
Quil ne pourra flestrir par la froide rigueur,
Ains il croistra tousiours en plus grand excellence.

Thomas de Leu Fecit.

Pour se l'attacher encore davantage, Lesdiguières le fit entrer dans sa famille en obtenant pour lui la main de Madeleine de Béranger de Pipet (1607). C'était une belle alliance pour l'ancien commis de M. d'Armand qui devenait ainsi le propre petit-neveu [1] du maréchal, et qui sous un pareil patronage pouvait marcher de pair avec les meilleurs gentilshommes de la province [2].

[1]

George de Béranger
ép. 1456
Guillemette de Sassenage

Claude de Béranger
ép. 1497
Guillemette de Chissé

André de Béranger ép. 1530 Madeleine de Béranger		Claude de Béranger ép. 1564 Marguerite de Dorgeoise
Laurence de Béranger ép. Claude-Grinde de Miribel	Claude de Béranger ép. 1566 Le M^al^ de Lesdiguières	André de Béranger ép. Sébastienne de Brenien
		Madeleine de Béranger ép. 1607 Jean de La Morte

[2] Le grand-père de Mme de La Morte faillit être assassiné dans les rues de Grenoble en 1619 : « Claude de Sassenage, retournant de la maison de M. le Maréchal pour se retirer en son logis sur les dix ou onze heures du soir, suivi d'un nommé Bataillon son serviteur, rencontra à la rue du Ban du Mal-Conseil un nommé Giraud, avocat, avec lequel il n'avait eu auparavant aucune querelle ni brouillerie, lequel tenant une épée à la main approchant de lui fit contenance de la tirer du fourreau. De quoi le dit baron de Sassenage s'étant aperçu, pour empêcher qu'il ne fût offensé par ledit Giraud, se contenta, sans se servir de son épée de lui donner quelques coups d'un bâton qu'il portait.

« Comme le dit Giraud faisait ses efforts de se jeter sur lui, et ayant son épée nue en la main, il serait tombé par terre de l'un des dits coups de bâton, et à l'instant survinrent plusieurs per-

Une nouvelle occasion de montrer ses aptitudes diplomatiques s'offrit encore à Jean de La Morte.

Le duc de Mantoue était mort en 1612. Son frère cadet, le duc de Nevers, se jeta dans Casal et y fut assiégé l'année suivante par le duc de Savoie. Les idées belliqueuses qui régnaient à la cour entraînèrent la reine régente à envoyer du secours à son parent. Elle adressa des ordres pour préparer l'expédition, nomma des chefs, et en confia l'exécution à Lesdiguières, le pressant d'entrer en Piémont.

Le vieux maréchal crut devoir faire quelques observations sur l'organisation de cette armée et surtout sur les lieutenants que l'on mettait sous son commandement. Il envoya son confident à Marie de Médicis avec des instructions écrites qu'il lui donna à Grenoble le 10 juin 1613.

Le sieur de La Morte, envoyé par M. le maréchal de Desdiguières vers la Reine, représentera à Sa Majesté qu'il lui a proposé par la créance et précédent mémoire commis au sieur de Belluion ce qu'il a jugé et croit être nécessaire pour bien servir au secours du duc de Mantoue oppressé par les armées de celui de Savoie. Et toutefois il voit que Sa Majesté en accordant et résolvant la même proposition pour le nombre d'hommes, elle le veut donner au dit sieur maréchal autre et par autre ordre, qu'il ne les a demandés.

Il ne fait point de doute de la fidélité et de la vaillance des maîtres de camp et capitaines que Sa Majesté donne et destine pour ce secours, mais n'ayant pas autant de créance d'eux qu'il en a de ceux qu'il avait proposés à Sa Majesté, il

sonnes inconnues du dit seigneur de Sassenage qui lui ôtèrent son manteau avec violence et outrage.

« Et s'étant le dit seigneur avec beaucoup de peine tiré de leurs mains, aurait fait retraite en son logis, se contentant d'avoir empêché le dit Giraud de lui mal faire. » (Supplique au Parlement.)

Premier portrait de Lesdiguières, gravé par Mathieu Greuter.

doute ne pouvoir aussi absolument disposer de ceux-là que de ceux-ci; et l'action, qui se présente, étant d'une suite fort importante à la réputation de la France et à l'honneur du sieur maréchal, il désirerait, pour en bien répondre, avoir des hommes qui fussent inséparablement attachés à lui par une chaîne invisible, dont l'étoffe est l'affection, comme seraient ceux qu'il a demandés, lesquels il connaît, et ils le connaissent aussi ; en sorte qu'ils demeureraient toujours en un corps sans s'en séparer, si ce n'était par ses commandements, ce qu'il ne se pourrait pas promettre des autres.

Sa demande était fondée sur cette considération, mais pour donner lieu aux volontés de Sa Majesté, il la supplie très humblement de lui accorder que des 2,000 hommes accordés au comte de Sault il en ait la moitié de 10 enseignes et l'autre moitié soit donnée au sieur de Saint-Jeurs, neveu du sieur maréchal.

Que des 2,000 hommes donnés au sieur d'Ornano, il en ait aussi la moitié, et l'autre soit donnée au sieur de Montbrun.

Que des 2,000 hommes donnés au sieur d'Ambuar, il en soit donné la moitié au sieur marquis de Bressieux, et l'autre au sieur de Bonne.

Que M. de Chappes demeure pour les 2,000 hommes qui lui sont commis en charge.

M. le vicomte de Portes pour les 1,000 hommes, dont son régiment est exposé.

M. de Chambaud aussi pour semblable nombre.

Quant aux 2,000 Suisses, c'est une troupe nécessaire en l'armée de leurs Majestés, laquelle fait en tout 12,000 hommes de pied.

Et sur la difficulté qui se pourrait faire de séparer 2,000 hommes en deux régiments, le dit sieur maréchal fait voir par l'état, que le dit sieur de La Morte porte, que les frais n'y sont guères augmentés, et la sûreté en est plus grande, car il n'y a pas de doute qu'un maréchal de camp avec dix capitaines conduira mieux mille hommes que deux-mille.

Et puis c'est la vérité que tant plus il y a de capitaines en une armée, plus elle est forte et puissante, car ce sont gens, que l'honneur et la valeur jointes ensemble, portent courageusement et opiniâtrement au combat.

Que s'il eût plu à Sa Majesté vouloir donner aux sieurs de Gordes, de Charpey, de Blacons, de Verdoin, chacun un régiment de 10 enseignes, la partie en eût été plus forte, et sans affaiblir l'armée on eût laissé une partie des dits régiments sur la frontière de Barraux, Grenoble, Exiles et Château-Dauphin pour éviter les diversions du duc de Savoie. Sa Majesté sera suppliée d'y faire considération.

Pour la cavalerie, le dit sieur maréchal a bien su que Sa Majesté veut faire servir celle qui est entretenue; mais il désirerait savoir quelle et quel nombre elle sera. En outre ce nombre, il demande cinquante gentilshommes entretenus et payés pour demeurer auprès de lui et logés en son quartier.

Et par ce-que les sieurs d'Auriac, de Morges doivent servir en l'armée comme maréchaux de camp, il ne leur peut être moins donné de chacun de cinquante maîtres. Ce que le dit sieur maréchal désire et demande humblement à Sa Majesté; comme aussi d'avoir en la dite armée 400 carabins, qui sont en tout et partout nécessaires et dont on ne peut se passer.

Quant aux frais de l'artillerie, M. le Grand-Maître en donnera état; mais s'ils excèdent 15,000 écus par mois, les cent-mille écus qu'on demandait par chacun mois, ne pourraient suffire à l'entretenement de l'armée; et pour la dépense des vivres, il a été fait un procès comme aussi des gages des officiers et parties inopinées.

Pour donner ordre à ces premiers frais comme équipages d'artillerie, munitions, vivres et autres levées nouvelles, pour les rendre prêtes à marcher, il faut 1,100 écus et comptant, et quand l'armée sera sur pied 1,000 livres en deniers clairs et comptant tous les mois pour faire les prêts en attendant les assignations pour les montres, qui se feront de temps en temps, tel qu'il sera avisé.

Supplie enfin le dit sieur maréchal Sa Majesté de ne point permettre que les troupes que lèvera et conduira M. de

Guise aient ni quartier ni passage pour le Dauphiné qui a déja souffert les 2,000 hommes commis au sieur du Bourg; mais qu'elles passent sur la lisière du Vivarais, le long du Rhône, où M. de Guise passa ce qu'il avait lorsqu'il alla se mettre en possession du gouvernement de Provence; et ainsi le Dauphiné supportera mieux la dépense des levées que Sa Majesté fera faire pour l'armée qu'il lui plaît commettre au dit sieur maréchal, en les passages ordinaires, qu'il conviendra faire par la dite province [1].

En 1610 commença pour Jean de La Morte un gros ennui. Son oncle Pierre d'Armand avait été fort mécontent de le voir mettre en possession de l'office de trésorier extraordinaire des guerres, car, escomptant l'héritage de son frère, il avait espéré tirer profit de cette charge pour lui-même.

Dès 1599 il avait fait avec son neveu une convention assez compliquée d'ailleurs, par laquelle ce dernier s'était engagé à se démettre de ses fonctions, après douze ans d'exercice, en faveur de la personne qu'il lui désignerait, cela moyennant une indemnité dérisoire.

Jean de La Morte montra l'injustice de la promesse qu'il avait faite sans en bien comprendre la portée. Il n'avait, en effet, que vingt-trois ans lorsqu'il l'avait signée; son oncle, usant de son autorité, abusant de sa jeunesse, la lui avait arrachée.

Un procès eut lieu, une cabale fut même organisée, sa manière de servir fut critiquée, son honnêteté un moment discutée. Mais il en appela au roi, fit valoir ses services;

[1] L'intérêt de cette lettre est tel que, quoiqu'elle ait été publiée dans l'ouvrage de MM. de Douglas et Roman, j'ai cru devoir la rappeler.

Les autres lettres de Lesdiguières, citées plus loin, sont inédites; les originaux sont entre mes mains.

son puissant patron par trois fois le couvrit en garantissant ses états de dépenses ainsi que son zèle, et en lui défendant de sortir de la province pour aller se disculper.

Nous, François de Bonne, sire des Diguièree, maréchal de France et lieutenant général pour le Roy au gouvernement de Dauphiné, certifions à Sa Majesté, nos seigneurs de son conseil et tous autres qu'il appartiendra, que le sieur de La Morte, trésorier provincial au dit pays, est, la présente année, employé en qualité de commis par MM. les Trésoriers généraux de l'ordinaire et extraordinaire des guerres de la cavalerie légère et pistoliers, reitres, au payement de l'armée, que le feu Roy nous avait commandé de mettre sur pied, pour icelle conduire la part, où il nous avait ordonné pour son service, étant maintenant ledit sieur de La Morte occupé aux recouvrements des assignations levées en Languedoc, Provence et Lyonnais, et puis a continué le payement des gens de cheval et de pied de la dite armée suivant les états, qui en ont été expédiés par Sa dite Majesté, et que son service ne peut permettre qu'il quitte à présent cette province sans qu'iceluy en soit retardé.

En témoin de quoi nous avons signé la présente certification à Les Diguières le 27e jour de septembre 1610.

LESDIGUIÈRES

Par mon dit Seigneur,

GILLIER.

Nous, François de Bonne, sieur des Diguières, maréchal de France, lieutenant général de Sa Majesté au gouvernement de Dauphiné, certifions au Roy, nos seigneurs de son conseil, et tous autres qu'il appartiendra, que le sieur de La Morte, trésorier provincial de l'extraordinaire des guerres au dit pays, a bien diligemment et fidèlement servi Sa dite Majesté en l'exercice de sa charge durant 12 années, sans que nous ayons jamais ouï aucune plainte de son administration, le reconnaissant très capable de continuer ce même service à Sa dite Majesté en sa dite charge.

En témoin de quoi nous avons signé la présente certification de notre main en icelle fait cacheter du cachet de nos armes.

A Grenoble le 8e jour de l'année 1611.

LESDIGUIÈRES — TONNARD.

Nous, François de Bonne, duc, pair et maréchal de France, lieutenant général de Sa Majesté au gouvernement du Dauphiné, certifions au Roy, nos seigneurs de son conseil et tous autres, que depuis l'année 1599 jusqu'à l'année 1617, icelle comprise, nous avons été contraints pour le bien des affaires et service de la dite Majesté, augmenter ou diminuer le nombre d'hommes, que le Roy, par ses états de dépenses à faire, avait ordonné tenir garnison pour son service durant les dites années à Grenoble, Ambrun, Briançon, Serres, Puymore, Gap, Exilles, Queyras et autres lieux du dit pays. Ensemble des quatre compagnies par avant étant au dit Grenoble sous la charge des sieurs comte de Sault, Montfalquier, Legua, Buillion, et depuis nous en avons usé de la sorte des dix enseignes du régiment du dit sieur comte de Sault, les remettant en plusieurs compagnies, retranchant leur solde pour subvenir au payement des nouvelles. Afin d'avoir plus de moyens les faire servir comme elles ont fait en divers endroits des frontières de cette province, qu'il convenait renforcer selon les occurances, qui se sont offertes ; et cependant les revues des dits gens de guerre allant et venant où besoin était et se trouvant en leurs anciennes garnisons lors des monstres.

Le rôle des dites monstres et revues ont été expédiés par les commissaires et conseillers ordinaires et extraordinaires des guerres à ce par nous commis et départis du même nombre d'hommes qu'on leur a présenté en bataille dans les dites garnisons ou ailleurs conformément aux états de la dite Majesté, et ainsi que nous l'avons certifié par les états des payements faits aux dites garnisons et autres gens de guerre tenant la compagnie dont la dite Majesté nous en avait donné la charge et commandement tant dedans que dehors cette province.

Et d'autant qu'aucun des gouverneurs, capitaines des dites garnisons, et compagnies du dit régiment, autres officiers, gens de guerre, prévost ou parties prenantes pourraient à l'avenir faire plainte du dit retranchement, diminution de leur solde, gages et appointements, que nous leur avons ainsi fait et très expressément enjoint à noble Jehan de La Morte, conseiller du Roy, trésorier provincial de l'extraordinaire des guerres au dit gouvernement, ou en qualité de commis des sieurs trésoriers généraux du dit extraordinaire des guerres d'exécuter aux années de son maniment ou de son exercice et de suivre de point en point cette notre intention, et de délivrer à l'instant les sommes en provenant aux autres capitaines et gens de guerre desdites revues, qui ont servi Sa dite Majesté aux lieux où nous les avons établis, qu'il n'est besoin de déclarer particulièrement, ayant le dit La Morte bien et dument payé de notre commandement verbal les dites revues ou autres parties secrètes de ce qui est provenant des dits retranchements, ainsi qu'il nous a été aparu par les cahiers dressés des dites dépenses par chaque année, que nous avons vérifié et reconnu monter et revenir aux sommes retranchées.

Les ayant à l'instant déchirés et dont nous avons voulu qu'il aye pris ni retiré aucun rôle ni quittance que suivant les dits états du Roy pour bonnes considérations: vu que les finances de Sa dite Majesté, ni le peuple ne s'en trouve aucunement surchargé.

Tenant par ainsi iceluy de La Morte bien et dument acquitté et déchargé de ce que dessus en la forme et de tout le contenu aux dits états des payements faits, certifiés et assignés par nous tant envers les dits gens de guerre, prévost, parties prenantes, que tous qu'il appartiendra, en quelle sorte et manière que ce soit spécialement et particulièrement pour les dépenses des années 1599, 1605, 1606 et 1617 faites pour les garnisons du comté de Barcelonne, duché de Savoie, Saint-Genis, Orange, Pietmont et généralement tout ce qui a été ordonné, attesté et certifié par nous comme est dit ci-dessus par la présente, que nous avons à cette fin signé de notre propre main et fait contresigner par l'un de nos secrétaires, et apposé le cachet de nos armes.

A Grenoble, ce dernier de juillet 1618.

LESDIGUIÈRES.

Par mon dit seigneur,

BERTRAND.

Malgré les travaux de Jean de Beins, le Drac continuait à déborder et à ravager ses rives.

En 1614, Lesdiguières ordonna des réparations urgentes pour le faire rentrer dans son lit, et Jean de La Morte fut chargé de payer les avances nécessaires à leur rapide exécution.

Le seigneur des Diguières, duc de Champsaur, maréchal de France, gouverneur et lieutenant général pour Sa Majesté en Dauphiné.

Nous aurions commandé au capitaine Baron pour éviter la totale ruine des plaines de Vif et Varces de se transporter le long du Drac et là faire avec cabrettes les réparations promptes et nécessaires pour changer le cours de la rivière dans son ancien canal, qui s'est desbordé depuis un mois dans les dites plaines du côté de Fontanieu. Lui permettant en vertu de la présente de faire prendre depuis le coteau de Fontanieu jusqu'au Petit-Brion le long du Drac tous les bois et rames propres pour promptement détourner à ravages, excepté les arbres fruitiers, que nous lui défendons très expressément d'y toucher. Et d'autant que la péréquation et levée de deux mille livres qu'on a fait pour réparer la dite rivière n'est payable également par moitié qu'à la fin du présent mois et du prochain, et que si on attendait ce temps d'y travailler, tout serait entièrement gasté es dite plaine; et en désirant la conservation et assister les intéressés, nous mandons et ordonnons au sieur Jérémie Mathieu, maître argentier, de fournir comptant au sieur de La Morte sur sa promesse jusqu'à la somme de 360 livres pour employer aux frais des avances qu'il conviendra faire pour la dite réparation ou meilleur ménage, qu'il se pourra pour le public, à la charge de rapporter par le dit sieur de La Morte les quittances ou cahiers des dits frais jour par jour signés par le dit capitaine Baron et autres présents à la dite dépense, et de faire rembourser le dit sieur Mathieu de la susdite somme de 360 livres des premiers deniers provenant de la dite levée et péréquation.

Fait à Grenoble ce 3e jour de juillet 1614.

LESDIGUIÈRES.

Par mon dit seigneur,
GILLIER.

Ces travaux n'empêchèrent pas le Drac d'emporter, deux ans plus tard, les remparts de Grenoble.

Jean de La Morte perdit son père en 1625. Le vieux bourgeois de Die, sentant sa fin prochaine, fit appeler le notaire, Me Coquet, et il fit son testament conjointement avec sa femme. Chargé d'années, entouré du respect de tous, ce ménage de cinquante-trois ans restait uni dans ses dernières volontés.

Un seul de leurs enfants était mort, Marie de La Morte, épouse de Jean Planté. Ils font légataire universel le fils aîné Jean qui avait certainement réalisé les rêves formés par leur affection. Jean-François laisse à Louise d'Armand, au cas où elle lui survivrait, les fruits et rentes de son moulin du Cagnard, ainsi que ceux du jardin le joignant, ou bien ceux du jardin de sa maison dans la ville, à son choix. Il lui donne pouvoir et privilège de prendre dans cette maison tout ce que bon lui semblera; plus lui donne aussi pour son habitation la chambre du milieu bien meublée et le cabinet y joignant, ainsi que tout ce qui sera nécessaire à son entretien.

La mort de Lesdiguières n'amena pas de changement dans la situation du trésorier de l'extraordinaire des guerres. Il garda ses fonctions sous les ordres du maréchal de Créquy dont il était depuis longtemps l'ami[1], et

[1] *Mémoire à M. de La Morte.*

Premièrement, de prendre, sil luy plaist quatorze mille francs à Lyon, sur deux rescriptions de seise mille, que je lui baille, dont il en laissera deux mille à Lyon entre les mains de Messieurs Sève, afin que je les treuve en passant pour mon voyage.

Il rachètera, sil luy plaist, deux cordes de perles et un diamant en cœur que le Picard avait à moy, qui tenait pour onse-cent pistoles et quelque interest. Ma mère en a fait quelque acord, lequel il suyvra.

Il rachètera ma vaisselle d'argent qui est entre les mains d'un noe, le sieur Douart, laquelle tient pour six cent ou six cent cinquante pistoles avec les interests, dont il aura le meilleur conte qu'il pourra.

Toutes lesquelles choses il donnera, sil luy plaist, à M. Valois pour me les garder et sil a de l'argent de reste, il me le raportera en or s'il luy plaist.

Fait à Grenoble, le Xe apvril 1610.

CRÉQUY.

En cas qu'il y aye quelque dispute pour le pois de la vaisselle, il se fera, sil luy plaist, monstrer un escript, qui est signé de moy et de luy.

Monsieur, je vous prie, sur les premiers deniers que vous aurez à me fournir pour la prochaine année de votre exercice, qui sera mil six cens vingt six de mes appointements de Grenoble et Barraux, de payer au sieur Collaud, appoticaire de Monsieur le Connétable, la somme de neuf cens livres, qui luy est deue pour reste des fournitures par luy faittes à ma maison.

Prenez sa quittance, laquelle me rapportant avec la présente, je vous tiendrez compte de la dite somme de 900 livres sur celuy

ses affaires continuèrent à prospérer. En 1627, il profita d'une occasion qui s'offrait pour se créer une situation territoriale. Guigonne d'Eurre, la dernière dame d'Ourches, veuve de Jacques de Moreton, marquis de Chabrillan, et son fils Antoine de Moreton, lui vendirent la terre

que vous aurez à me rendre de mes appointements et de la dite année.

Fait à Grenoble, le huitième novembre mil six cents vingt quatre.
Votre plus affectionné à vous faire service.

CRÉQUY.

Nous confessant avoir reçu en avance ou présentement comptant pour et au nom de M. le Mareschal du seigneur de La Morte, conseiller du Roy, trésorier provincial de l'extraordinaire des guerres en Daulphiné, la somme de quatre mil trois cents sept livres, à savoir deux mil livres pour son estat de gouverneur de Grenoble et de l'arsenal durant dix mois de l'année 1623, sept cents sept livres pour ung demy mois de son estat de gouverneur de Barraux ou sur qui luy estait deu pour sa compagnie de gens de pied de la dite année, et seize cents livres qui lui reviennent sur la garnison d'Exilles pour la même année, de laquelle somme de 4307 livres nous le quittons et promettons les faire aquiter à Monsieur le Mareschal qui lui en a donne ses quitances en forme.

Fait à Grenoble, le 16e jour de novembre 1625.
Quitanse de catre mille troissans set livres.

FRANÇOISE DES DIGUIÈRES.

Pour la somme de six cents livres que le sieur de La Morte, trésorier provincial de l'extraordinaire des guerres en Dauphiné, nous a ce jourdhuy prestées pour être advancée par nous par forme de prest aux soldats de nos gardes, et que nous promettons lui payer à sa volonté.

Fait à Grenoble, le troisième de novembre 1626.
Promesse de six-cents livres.

CRÉQUY.

Monsieur de La Morte, vous payerez incontinent le présent billet receu, la somme de cent livres aux porteurs de la présente, qui sont mes viollons, pour partie des appointements que je leur ay

Lieutenant Général en Dauphiné 1626-1638.

de la Motte-Chalancon. Le prix en fut fixé à 52,000 livres et 100 pistoles d'étrennes. Le fief était important. Une reconnaissance de 1584 indique les droits féodaux qui y étaient attachés.

Elle spécifie douze articles :

1° Que toute justice haute, moyenne et basse appartenait au seigneur; pour l'exercer il pouvait établir et créer tous les officiers nécessaires.

2° Les mesures et les poids étaient rangés et marqués aux

promis, et ce des premiers deniers, que j'ay à recevoir de vos mains, et rapportant ce billet, la dite somme de cent livres vous sera entrée et allouée en la despence de vos comptes.

Fait à Grenoble, le 23 de mars 1627.

CRÉQUY.

Monsieur de La Morte, baillez à Dubuisson, mon tailleur, la somme de deux cents trente livres sur ce que vous avez à me fournir pour mes estats et appointements du Gouvernement de Grenoble et aux deniers, que j'ay à prendre pour l'estat des garnisons du Daulphiné de l'année dernière mil six cent vingt six, et me rendant le présent tant seulement, je vous tiendray compte de la dite somme sur les deniers susdits, et vous me donnerez vos descharges en bonne forme.

Fait à Grenoble, le 18 de novembre 1627.

Pour deux cents trente livres.

CRÉQUY.

Monsieur, je vous prie de payer au sieurs les Imberts, marchands de cette ville de Grenoble, la somme de six mille quatre cents livres pour m'acquitter de semblable somme, que je leurs doits pour des étoffes qu'ils ont fournies pour mon service, et rapportant la présente avec quittance des dits des Imberts, je vous tiendrai compte de la dite somme de 6400 livres sur ce qui m'est deu pour mes appointements de gouverneur de Grenoble et de Barraux pour l'année dernière mil six cents vingt six.

Fait à Grenoble, le cinquième jour de janvier 1627.

Pour six mille quatre cent livres.

CRÉQUY.

armes du seigneur, ils devaient être échandillés à sa mesure par les châtelains assistés de deux prud'hommes ou syndics.

3° Les habitants reconnaissent devoir à leurs seigneurs des lits lorsqu'il aura guerre, qu'il fera chevalier ou noces, qu'il recevra la visite de ses parents ou de ses supérieurs, et cela selon qu'il sera ordonné par le syndic.

4° Ils seront tenus de payer 25 livres toutes les fois que le seigneur achètera une juridiction dont le prix serait de 200 à 300 livres. Ils payeront 50 livres si l'acquisition se montait à 300 livres et au-dessus.

5° Si le seigneur fait chevalier, s'il marie une de ses filles ou de ses sœurs, ils devront lui payer 50 livres dans les 6 mois qui suivront la cérémonie.

S'il était prisonnier, ils verseraient immédiatement cette somme pour le racheter.

6° Ils doivent payer double cens pour la première année à chaque mutation de seigneur.

7° Ceux qui ont des bœufs ou des mules seront tenus de faire les transports et les charrois nécessaires à la réfection et à l'édification des moulins et fours banaux, que le seigneur possède à La Motte.

Il devra les aider avec une paire de bœufs et pourvoira à la nourriture des bêtes ainsi qu'à celle de leurs conducteurs. Ces corvées ne devront pas se faire en dehors du mandement et sont spéciales pour le four et le moulin. Les récalcitrants sont punis d'une amende de 100 marcs d'argent.

8° Tout le monde doit se servir du four et moulin. On paye la 24e partie de ce que l'on fait cuire ou moudre.

9° Le seigneur a un droit de banc les jours de foires. Il est d'un sou par place ; mais les marchands et les habitants de La Motte en sont exempts.

10° Il est perçu par le seigneur un péage et un droit de pulvérage à raison de 2 deniers par tête de bétail.

Pour le péage on paye 2 deniers tournois par charge de froment, seigle ou légumes.

1 denier tournois par charge d'orge, gros blé et avoine.

3 deniers tournois par charge de fromage, viande salée, figues, raisins, poissons.

1 denier tournois par charge de châtaignes, noix, pommes, poires et autres fruits.

3 deniers tournois par charge d'huile, cire, miel.

2 deniers tournois par charge de vin.

2 deniers tournois par charge de sel.

6 deniers tournois par charge d'épices.

6 deniers tournois par charge de mercerie.

3 deniers tournois par mercier portant au cou.

6 deniers tournois par charge de drap.

6 deniers tournois par charge de laine.

12 deniers tournois par charge de laine lavée.

3 deniers tournois par charge de cuirs.

2 deniers tournois par charge de fer.

2 deniers tournois par charge de pots ou autres futailles.

12 deniers tournois par bœuf ou vache.

6 deniers tournois par mulet, cheval ou jument portant bât.

3 deniers tournois par âne ou ânesse portant bât ou marchandises, et les dites bêtes portant bât sans marchandises ne doivent rien.

2 deniers tournois par pourceau gras.

1 denier tournois par pourceau jeune.

1 denier tournois par chèvre, mouton et autres brebis.

1 denier par douzaine de poulailles ou perdrix.

11° On paye aussi pour droit de pâturage, savoir pour chaque trentenier bétail lainu, sans comprendre les agneaux, une demi-livre de bon fromage et de recette que l'on apportera le 1er août.

12° Toutes les langues de bœufs ou de vaches qui se tuent dans le mandement doivent être délivrées au seigneur, excepté toutefois celles des bêtes que les particuliers tuent pour leur provision domestique.

Ces cens, tâches, pensions et autres droits seigneuriaux, prestations annuelles et perpétuelles doivent être payées annuellement, savoir la demi-tâche à raison du dix-huitain de tout grain à la récolte en l'aire, et les cens à chaque fête de la Toussaint et portés à la maison du seigneur. Ce tout en grains de cens et de recette, mesure du mandement de La Motte.

En 1629 il fit construire une maison à Grenoble le long de la contrescarpe de la porte de Bonne. C'était dans le nouveau quartier de la ville agrandie.

Un pont dans son jardin s'étant écroulé, il attaqua les maçons responsables de sa bonne exécution.

Un corps de la noblesse de Dauphiné se porta, en 1630, au secours de Casal. Le trésorier de l'extraordinaire des guerres ne put, à cause de l'exercice de sa charge et des indispositions de son âge, se joindre à cette expédition, mais il voulut au moins y participer de ses deniers, et à sa place il envoya François d'Armand, sieur de Nicat. Ce dernier a comparu pour lui bien monté et armé.

En 1640 il avait à peu près soixante-sept ans, il crut devoir tester. Il déclare vouloir être enterré à Grenoble dans le cimetière des protestants où reposait déjà sa femme[1]. Il recommande à ses enfants de vivre en bonne intelligence : « Et d'autant que la vraie union maintient

1 *Épitaphe de Mme de La Morte.*

Æ M

Magdalenœ Berengeriœ ex Illustrj Berengariorum de Gua familia oriundœ fœlici XVII annorum copula Joannj Mortano Regi a consilijs et militarj in delphinatu Quœstorj Extro^rio Sociatœ ciq. prœmature XVI augusti MDCXXIV anno vitœ XXXIIII ereptœ relictis ex XIV quos ei perperat liberis VI filijs II filiabus superstitibus mœrens Marjtus hoc posuit hac spe quietior charissimœ coniugi se denuo Sociandum ambosq una exhoc communi tumulo resurecturos in gloriam.

et conserve en entier les familles, je prie et conjure tous mes bien-aimés enfants de vivre bien unis en bonne et loyale amitié, de s'aimer et aider les uns les autres comme bons frères. »

Il nomme pour son héritier universel son fils Jean-François, sieur de Martouran.

Par les légitimes laissées à ses enfants, par la générosité de ses legs aux pauvres de la religion réformée, à l'entretien des pasteurs de Grenoble, à l'académie de Die et à ses domestiques, on peut juger de l'importance de sa fortune.

Il mourut la même année.

Ses dernières volontés indiquent un enfant naturel : Antoine [1].

Tous ses fils furent soldats et firent leurs premières armes en Hollande. Trois d'entre eux devaient verser leur sang pour leur roi et donner ainsi une vieille patine pourprée à leur blason encore tout frais peint.

Beaucoup de gentilshommes protestants allèrent à cette époque guerroyer dans les Pays-Bas. Ils pouvaient par ce moyen, tout en restant fidèles sujets, servir la politique du cardinal de Richelieu et satisfaire leurs passions religieuses mal éteintes en se battant contre des catholiques.

Henry s'engage en 1624 dans le régiment de Maisonneuve. Il sert comme soldat dans la compagnie Desloges, et est tué en Hollande en 1626.

[1] Il est mis en pension chez Michel Sorel, maître écrivain de Grenoble, qui doit lui apprendre à lire, à écrire et l'arithmétique, moyennant 13 livres 10 sous par mois et une pistole d'étrenne à la femme du dit Sorel.

Trois autres frères : Alexandre, André et Jean-François partent ensemble en 1630 pour le même régiment. C'était un corps français de troupes à pied mis à la disposition des états généraux des Provinces-Unies sous la charge du prince d'Orange. Ils furent incorporés dans la compagnie Beaunnezer.

ANDRÉ et JEAN-FRANÇOIS y restèrent quatre ans. En 1635 ils vont s'engager comme volontaires au régiment de la Poise de l'armée d'Alsace, sous les ordres du duc de Rohan.

Enfants perdus à l'attaque de Rouffach où la ville fut enlevée en plein midi, on les vit, après s'être emparés d'une échelle, apparaître les premiers sur la muraille.

André reçut un coup de mousquet à la tête dont il fut trépané. Malgré sa blessure, il voulut suivre l'armée en Valteline avec son frère ; mais obligé de rentrer se soigner à Grenoble, il y mourut en arrivant.

Il laissait une fille naturelle, Marie, que son grand-père fit élever, et dota par testament. Elle testa elle-même en 1645 en faveur de son oncle Jean-François.

JEAN-FRANÇOIS, pour sa belle conduite à Rouffach, fut fait porte-enseigne au régiment de Touraine, et ainsi déclaré l'officier le plus brave de ce corps.

En 1637 il est nommé capitaine au régiment d'Enrichemont, en Italie, sous les ordres du cardinal de La Valette.

Après quatorze ans de services, il songea au mariage, et, le 28 février 1644, il épousa Geneviève de

ALEXANDRE DU PUY CHEVALIER MARQUIS DE SAINT ANDRE MONTBRUN
G. De Seve Pinxit. Ant. Masson faciebat 1670. Cum Pri. Regis

Vesc, fille de Charles de Vesc, sieur de Comps, et de Geneviève d'Agoult.

Sa femme étant morte, il convola en secondes noces au château de Ponsonnas, le 28 février 1646, avec Madeleine de Philibert, fille de François de Philibert, sieur de Venterol, et de Lucrèce du Puy-Montbrun.

De ce mariage il n'eut qu'un fils, François, né trois semaines avant sa mort et qui mourut lui-même enfant en 1655.

Il souffrait cruellement d'une grave maladie. Par son testament, il veut qu'un chirurgien, en présence de deux médecins, fasse son autopsie, pour que son fils et ses frères puissent se précautionner.

C'était un abcès au foie dont il mourut à la Motte-Chalancon le 12 mars 1651.

Il avait donné un bâtiment pour agrandir l'église réformée de son village.

Alexandre qui était resté en Hollande jusqu'en 1640, fut nommé capitaine au régiment de Turenne en 1641 et major de ce régiment deux ans après par Gaston de Foix et de La Valette, duc de Candalle, lieutenant général en Bourgogne. Il était en Italie, sous les ordres du sieur de Saint-André-Montbrun.

Pour le récompenser de ses longs services dans ce corps, le roi lui donna des lettres de gentilhomme ordinaire en 1652 et le fit maréchal de bataille en 1655. Il se fit tuer devant Arras la même année.

Son père lui avait laissé Malissoles et il avait vendu cette terre à son frère François.

François, volontaire en Italie, sous les ordres de son

frère Jean-François, servait comme capitaine au régiment de Vernatel en 1635. Il avait pour capitaine-major son oncle Louis de La Morte.

Deux filles, Lucrèce et Marie naquirent d'un premier mariage.

Il mourut en 1657, laissant un fils, Pierre, qu'il avait eu de sa seconde femme, Lucrèce de Dorgeoise de Montferrier.

Pierre était aussi allé faire ses premières armes dans ce régiment de Maisonneuve, où tous ses frères avaient débuté. Il y arrive en 1637 et y resta trois ans.

En 1643, ayant tué par accident Gaspard de Soffrey, sieur de Bardonnenche, il obtint des lettres de grâce pour cet homicide involontaire.

Il était à Orbitello, à côté de son oncle, lorsque ce dernier fut tué.

Capitaine au régiment de Normandie, il est fait maréchal de bataille en 1653.

Le 26 mai 1655, il épouse Anne d'Armand, fille de Pierre d'Armand, sieur de Vors, conseiller au Parlement, et de Isabeau de Brémont.

Se sentant très malade d'une fièvre quarte, il fait un premier testament le 2 novembre 1658. Sa femme était morte. Il avait un fils naturel, Pierre. Il donne Malissoles, sa maison de Grenoble et celle de la porte de Bonne à autre Pierre, fils légitime. Charles, qui suit, est héritier universel. Il confie ses enfants à ses parents et à ses amis.

Sa santé dut se rétablir, car le 15 mars 1665, n'ayant plus qu'un fils, il exprime encore en sa faveur ses dernières volontés.

Louise a épousé Marc Rozet, conseiller d'État de Genève.

Madeleine s'était mariée en 1630 avec Charles Tonnard, conseiller en la chambre de l'Édit. En 1635, troublée dans ses convictions religieuses par la prédication d'un père jésuite qu'elle était allée entendre à Saint-André, elle se mit à suivre les pratiques catholiques, au grand désespoir de toute sa famille.

Son mari, magistrat influent et fort considéré, puisqu'il fut choisi pour être député au roi avec Étienne Roux, afin d'obtenir le retour à Grenoble de la Cour des aides et finances transportée à Vienne, regarda cette conversion comme un déshonneur pour lui. Il essaya de ramener sa femme par la douceur à ses premières croyances, mais elle fut inébranlable dans ses nouveaux sentiments, et Thonnard exaspéré, se mit à la battre.

Elle plaida en séparation. Toute la ville de Grenoble s'intéressa vivement à cette affaire. La cause fut bruyante, c'était une importante défection pour les protestants.

Son père, Jean de La Morte, ne pouvait cependant approuver les sévices dont sa fille était victime; la conversion de Lesdiguières l'avait peut-être rendu un peu sceptique, aussi, dans son testament, il fit un legs à ses deux petites-filles, Olympe et Françoise, et il veut que les frais du procès de sa fille soient payés par sa succession.

Grâce à l'influence du nouveau gouverneur, une transaction et une séparation à l'amiable intervinrent entre les deux époux en 1642. Mme Thonnard fut recueillie par sa parente, la duchesse de Lesdiguières.

Après avoir perdu son farouche mari, elle mourut en 1693, laissant sa fortune à l'hôpital.

Six autres enfants étaient morts en bas âge.

Charles de La Morte-Laval, fils de Pierre et de Anne d'Armand, était né en 1657. Il avait vu, par le fait de substitutions successives, presque toute la fortune de son grand-père lui revenir, soit en propriété, soit en usufruit.

Il épousa le 25 septembre 1685 Alexandrine-Almade-Justine-Renée de La Tour. Ce mariage fut béni le soir après la prière dans l'église réformée de Courthezon, en la principauté d'Orange. Les préliminaires en avaient été traités par procuration. En effet le 21 août précédent à Allex, Mme Lucrèce du Puy-Montbrun-Villefranche, veuve et héritière de messire Alexandre de La Tour de Lachaud de Montauban, en son vivant maréchal de camp et commandant de la cavalerie en Catalogne, avait donné mission au sieur Antoine Pelloux, bourgeois de Romans, de s'acheminer jusqu'à Grenoble et de passer les promesses de mariage entre Mlle de La Tour et M. de La Morte-Laval.

Ils eurent quatre enfants. Le premier fut une fille.

MADELEINE, venue au monde avant la révocation de l'Édit de Nantes, fut élevée dans la religion protestante. Emmenée à Genève par son arrière-grand'mère d'Armand, elle y passa sa vie.

LUCRÈCE-CHARLOTTE se maria en 1703 avec Gaspard de Martin de Champoléon, fils de Pierre de Martin de Champoléon et de Alexandrine du Puy-Montbrun.

Nanteuil ad vivum
faciebat 1662
François de Bonne, de Crequy, d'Agoult,
de Vesc, de Montlaur et de Montauban,
comte de Sault, duc de Lesdiguieres pair de
France, chevallier des ordres du Roy gouvern.r
et lieutenant general pour sa Ma.té en Dauphiné.
fils de Charles sire de Crequy prince de Poix
duc pair et marechal de France, lieutenāt
general en lad.e province et petit fils et succes.r
de François de Bonne duc de Lesdiguieres
pair et Conestable de France

En secondes noces elle épousa Pierre Artaud de Montauban, fils de Jean Artaud de Montauban, comte de La Roche, et de Justine d'Yze de Rosans.

FRANÇOIS, né le 1er novembre 1689, fut baptisé le 3 dans la paroisse de Saint-Hugues. Il eut pour parrain François de Gallian et pour marraine Angélique de Rabot épouse de Emmanuel de Guignard de Saint-Priest.

Il devait plus tard prendre la carrière des armes. Il se fit tuer à dix-sept ans au siège de Turin.

Son père s'était converti pour se conformer aux ordres du roi.

JEAN-RENÉ naquit en 1701 et continua la descendance.

Mme d'Armand était sortie du royaume en 1688. Ses biens furent administrés judiciairement. A sa mort, arrivée à Genève en 1692, ses deux petits-fils, MM. de La Morte-Laval et de Bardonnenche, acceptèrent son héritage sous bénéfice d'inventaire. Ils firent vendre le fief de Vors pour sortir de l'indivision et pour rembourser les créances qui le grevaient. Charles de La Morte-Laval en fut déclaré adjudicataire, et, en 1696, il en rend hommage en baisant à la joue le premier président Pierre Moret de Bourchenu.

Je ne parlerai pas des procès de tous genres qu'eut à soutenir le nouveau seigneur de Vors au sujet de la succession de sa grand'mère. Ils nous paraissent aujourd'hui bien extraordinaires : discussions de propriétés, de droits féodaux, amenées par des substitutions qui pouvaient toujours se produire, discussions sur des dettes successivement endossées par de nombreux intéressés, discussions sur des délits de chasse, défenses de passer sur les terres, d'établir des bacs sur l'Isère, etc. Tout était discuté, cela faisait le fond de la vie provinciale à cette époque.

Quelques petits incidents en agrémentaient la monotonie. C'était une chanson frondeuse que l'on se passait en la fredonnant. Elle contrastait avec la joie officielle qui faisait explosion à Grenoble le 18 et le 19 janvier 1698. La population ne voyait que la fin de la guerre, la fête publique et n'était pas touchée par les pertes de la France, que consacrait le traité de Ryswick [1].

1 Sur l'air de : *Vive les Gueux*

Du Harlay, Crécy, Caillères
Ont fait la Paix.
Quels plénipotentiaires !
Vit-on jamais
Des gens si nobles que ceux-cy
Charivary.

Ces trois ministres habiles
En un seul jour
Ont rendu trente-deux villes
Et Luxembourg.
A peine ont-ils sauvé Paris
Charivary.

Admirons tous leur prudence.
Ils ont rendu
Ce que tost ou tard la France
Aurait perdu.
Boufflers aurait encor fait pis
Charivary.

Le Roi peut-il être surpris
Qu'en donnant la paix à la France
L'on voit le peuple de Paris
Témoigner tant d'indifférence.
Pour rendre le calme aux esprits,
La Paix n'est pas la seure voye.
Qu'il traite ses sujets comme ses ennemis,
Qu'il rende ce qu'il leur a pris
On verra bien de feux de joye.

Le besoin d'aller à Aix pour soigner ses rhumatismes ; mais M. de La Morte-Laval, nouveau converti, ne pouvait songer à quitter la province sans l'autorisation de l'intendant Bouchu qui lui donne un passeport en 1701.

L'envoi de vingt-quatre vipères à M. le baron de La Garde, pour soigner la maladie dont il souffrait, et dont du reste il est mort. Les vipères ont été perdues par le voiturier de Saint-Marcellin.

C'était encore l'achat d'une montre à Genève :

Vous avez reçu sans doute, mon cher Monsieur, de M. de Ponat, la montre à répétition que je vous ai fait faire. Il voulut bien s'en charger il y a environ deux mois et me promit de vous la rendre en mains propres.

J'ai lieu de croire, Monsieur, que vous en êtes content, puisque jusqu'à présent vous ne m'en avez fait aucune plainte. Je le souhaite de tout mon cœur. J'ai pris toutes les précautions qui ont dépendu de moi et je me trouverai fort heureux si j'ai réussi. Faites-moi le plaisir de me l'écrire naturellement. J'ai, mon cher Monsieur, à faire compter à M. Giraud, conseiller à votre Parlement, 56 livres pour deux perruques de crin, qu'il nous a fait venir de Paris à un de mes amis et à moi. Je vous serai fort obligé de les lui donner, et je vous en tiendrai compte sur la montre que je vous ai envoyée.

A Dieu, mon cher Monsieur, disposez de moi comme d'une personne qui vous est entièrement acquise. PICTET.

L'arrivée d'une pièce de drap :

Je vous envoie, Monsieur mon cher cousin, les échantillons de drap d'Angleterre, que vous m'avez demandés. J'ai choisi les plus beaux, que j'ai pu trouver pour les couleurs. J'en ai pris plusieurs afin que vous puissiez vous satisfaire sur le nombre. Vous trouverez deux petits échantillons de drap rayé. C'est ce qu'on envoie de plus nouveau d'Angleterre.

Vous me marquerez si vous en souhaitez d'autres; je vous aurai bientôt fait votre commission. Vous trouverez tous les prix dans ce mémoire que je vous envoie.

Si je puis en avoir encore quelque chose de meilleur marché, il ne tiendra pas à moi. Vous me feriez grand plaisir si vous pouviez me trouver quelques commodités pour Grenoble, pour vous envoyer ce que vous souhaitez. C'est ce qui m'embarrasse le plus dans les commissions que je fais souvent pour Mme la présidente de Grammont, de ne pouvoir les faire tenir aussi régulièrement que je voudrai.....

Je n'attends qu'une occasion pour Grenoble pour vous envoyer 12 bouteilles d'eau cordiale. Je vous prie d'avance de vouloir l'agréer. MONTFERRIER.

La réception d'une perruque venant de Paris :

Je crois que vous serez content de la perruque que je vous envoie. Les cheveux en sont très beaux et bons et la dite perruque bien faite. Vous en ferez, s'il vous plaît, prendre le soin ordinaire. C'est-à-dire que lorsque vous la quitterez, il faut la mettre dans une grande boîte de toute sa longueur et ne la point laisser pendre. Il faut y mettre de l'essence avec de la poudre et la mettre en boucles en prenant bien les étages. Il ne faut point y mettre d'essence sans poudre. L'on peut bien y mettre de la poudre sans essence lors qu'elle se peignera facilement, et les jours que vous ne la mettrez point, la tenir en boucles dans la grande boîte et dans un lieu sec. L'ayant mise le matin, il ne faut point trop la peigner dans la journée afin qu'elle prenne mieux la boucle.

Pour le prix je fais ce que vous voulez. M. de La Martelière m'en a donné 75 livres. Je la vends présentement de cette couleur-là 90 ou 80 le moins. Les beaux cheveux de Flandre sont d'une cherté extraordinaire.

C'est pour répondre à la lettre que vous m'avez fait l'honneur de m'écrire. Faites-moi la grâce de me croire, Monsieur, votre très humble et très obéissant serviteur.

DESNOYERS.

Des nouvelles de l'armée :

J'ai reçu, mon cher Monsieur, la lettre que vous m'avez fait l'honneur de m'écrire, et sur le champ je suis monté à cheval exprès pour m'informer si le sieur Blanchet commissaire des guerres était arrêté. On m'a assuré qu'il ne l'était pas et qu'il était à Milan. Il est vrai que toute l'armée dit qu'il a fait périr deux ou trois mille hommes dans les hôpitaux et par la faim et par les mauvais médicaments ou remèdes qu'il faisait donner, ce qui était cause que sans grossir les objets, c'était lui seul pour profiter, qui était cause que ces malheureux étaient morts de misère et d'inanition. On prétend même que cela est bien prouvé. Cependant il est encore commissaire des guerres, mais à coup sûr il n'aura jamais la direction sur les hôpitaux. Je ne le connais pas, mais je le trouve heureux que l'affaire en soit demeurée là ; car si cela est vrai, comme on le dit, et que le ministre d'État et le roi le sussent, on lui ferait passer un mauvais quart d'heure.

J'ai fait la lecture de votre lettre au chevalier du Montauban, qui est toujours incommodé. Il doit partir aujourd'hui ou demain pour Lodi et de là je crois qu'il pourrait bien aller jusqu'à Grenoble pour achever de rétablir sa santé. Les cours du ventre, les flux du sang sont très fréquents et les malades commencent à être en grand nombre. On prétend que le marais où nous sommes campés depuis 5 semaines en est cause. Les personnes du pays ne peuvent supporter l'air de ce marais qui est de Mantoue, qui est à environ deux lieues, et dans ce temps-ci ils ont coutume de sortir de la ville et de s'aller établir pour trois mois dans un autre lieu. Je n'ai aucune nouvelle à vous apprendre, je suis avec tout l'attachement et la sincérité possible, votre très humble et très obéissant serviteur et cousin.

Le 7 juillet 1702. Paulin Gouvernet.

Je vous supplie d'assurer Mme et Mlle de Laval de mes très humbles respects. Je vous avais écrit il y a 15 ou 16 jours pour vous supplier de me marquer ce que faisait à Grenoble

Mme de Langallerie. M. son époux, maréchal de camp de notre armée, qui plaide avec elle m'en avait fortement prié, et comme il est de mes amis, je ne m'en pus pas dispenser. Vous m'obligeriez sensiblement de me le marquer, et cela sans que cela fasse éclat.

Il craint qu'elle ne dénature une somme de 40,000 livres qu'il lui a fait saisir. Quoique je sache qu'il aie raison, après cette démarche faite, je n'en ferai aucune, à cause de Viriville qui est mon ami à toute épreuve.

Le colportage d'une pièce satirique venue d'Allemagne, comme celle qui parut en 1706 et qui se moquait du duc Louis de La Feuillade.

Le gouverneur du Dauphiné s'était vanté de prendre le duc de Savoie dans sa capitale et d'y trouver le bâton de maréchal de France.

La levée du siège de Turin le mettait en triste posture devant les sarcasmes de son adversaire, le prince Eugène.

Tous ces petits détails de l'existence s'effaçaient devant l'affaire que l'on soutenait au Parlement ; aussi, suis-je obligé d'en citer une qui fut certainement pénible par sa violence et à laquelle dut s'intéresser avec regret la société dauphinoise.

Elle jeta le trouble dans cette famille des La Morte toujours si unie, fut dirigée, poussée et envenimée par les gens de chicane, lesquels forcèrent le mari, la femme et les enfants à vivre séparés les uns des autres.

Charles de La Morte-Laval paraissait aimer la bonne chère[1].

[1] Pour le sr François hoste du Cerf. Faubourg trois Cloîtres (1703).

Vous me disiez, l'autre jour, que vous seriez bien aise de me

Monsieur le Maréchal et Duc de Fevillade.

Italianisch-Savoischer Bielder und Novitaten Kramer.

Der Spanisch-Neapolitanisch-und Mäyländische Franzos?

Le chagrin me ronge
bekümmere mich halb
zu tod.

Il se chagrine de tout
Es ist jhm alles zu wied

Der hochst glückliche Entsatz TURIN.

Antwerpen 1706

Galli-
Spannier

O mon Dieu mein Kopff! mein Hertz chagrin empfindet,
Weil jetzt auf einen Tag die Tapfferkeit verschwindet!

Le Maréchall Kauffe doch, jch habe novitaeten
Von deinem grossen Glück, von deinen Raritaeten.

Der schelmische Francous hat meinen karn gesetzet,
jn einen la bourbe, der mir mein Ohr verletzet.

Il tournait les petits vers avec quelque agrément [1].

Ce n'était peut-être pas non plus un homme très rangé. La lettre suivante, écrite à une dame, semble l'indiquer. Je la cite comme modèle du style galant au grand siècle à Grenoble :

Dans les sentiments que j'ai pour vous, ma belle demoiselle, je me pique moins de vous faire une déclaration dans les formes, que de vous la faire de bonne foi. C'est pour cela

faire plaisir. Il s'en présente une occasion, qui est de venir tout présentement ici pour nous aider. J'ai M. et Mme de Largentière et je n'ai personne qui sache apréter. Il faudrait que vous apportassiez quelque chose pour des ragouts.

Il faudrait deux livres de riz, que vous prendrez chez la dame Marthe, six pigeons chez Vinaigre, que vous ne payerez pas, et du veau, que vous prendrez chez M. Arnaud, boucher en rue Chenoise, avec quelques ris de veau ; enfin nous n'avons rien pour ragouts. Il faudrait aussi une livre de biscotins fins et frais. Je vous attends avec impatience. Je suis à tout vous. LAVAL.

[1] Iris ! Tes beaux ans
Vont durer longtemps,
Ta beauté constante
Nous représente
Toujours un printemps.
Toujours la rose
Esclate et repose
Sur tes Lys naissants.
Si j'étais héros
Chargé de victoire
J'irai pour ma gloire
Troubler ton repos,
Tes divins yeux
Font aux demy-dieux
Sentir leur puissance.
Si ce chant t'offense,
Je ne saurais mieux
Chanter pour toy
Point de revérence
Ne crains rien de moy.

que je commence par l'aveu de ma manière d'aimer, pour voir si vous pourrez vous en accomoder.

J'aime de la belle manière,
C'est-à-dire fort tendrement,
Et sur le bien constamment,
Mais toujours à la cavalière.

Vous entendez trop bien votre monde pour ignorer que cette manière est du bel usage, car on dit dans le monde, comme vous savez :

Les amants transis,
Les maris dolents
Tournent en soucis
Les plaisirs galants.

En effet toutes les langueurs et les doléances en amour ne sont bonnes que pour les Espagnols qui se plaisent à gémir. Pour moi, je vous avoue franchement que sans croire déroger à la belle tendresse, je prendrai volontiers cette devise.

Tous les attraits, ni les appats
De la beauté la plus charmante,
Quand je voudrai, ne rendraient pas
Mon humeur jamais soupirante.
Mon cœur, comme les délicats,
N'aime que ce qui le contente.

Je vous crois l'esprit trop bien tourné pour être rebuté par cet aveu qui n'est point contraire aux belles lois de l'amour; qui pour être cavalier, ne laisse pas d'être tendre, et c'est dans cette pensée, que la passion que j'ai pour vous, fait dire à ma muse :

Ces petits vers tout pleins de flamme
Sont les truchemans de mon âme.
Pour vous faire ce bel aveu,
Vous déclarant que je vous aime
Et vous dire qu'Amour lui-même
Ne brûle pas d'un si beau feu,
Car son ardeur est si vive et si forte,
Qu'il faut avoir mon cœur pour aimer de la sorte.

En m'attachant à vous, mon aimable, par un si beau choix je me suis rendu le plus glorieux de tous les amants; mais il dépend de vous de me rendre le plus heureux. C'est un grand bien pour moi de vous découvrir ma passion, car à même temps :

Mon bonheur est si grand, qu'en disant : Je vous aime,
Je ne puis vous nommer sans parler pour moi-même,
Et qu'au nom de nous deux, il semble que l'amour
De Charlotte à Charlot demande du retour.

Je sais que c'est une présomption de se flatter de cette espérance. Mais connaissant mon peu de mérite, je vous dis franchement :

Je ne vaux pas assez pour être aimé de vous,
A moins d'avoir recours à quelque stratagème.
L'amour ingénieux m'en fournit un bien doux.
Supposez que chacun n'aime que pour lui-même.
Il faut entre nous deux faire chacun pour soi.
J'aime Charlot en vous, aimez Charlotte en moi.

J'ignore si l'aimable Charlotte put rester insensible à de pareils sentiments si galamment exprimés; mais cela me semble plus drôle que grave. En tout cas, Charles de La Morte aimait sa femme et savait le lui dire[1].

Malheureusement sa situation pécuniaire était devenue embarrassée. Il avait vendu en 1687 une écurie à Grenoble, « près de celle des Trois-Dauphins, près la porte Montorge »; et en 1697 les biens qu'il avait à Die, « soit

[1] Je ne sais point, ma très chère, si tu veux être malade par plaisir, car de rester là où tu es en est une marque infaillible et, par conséquent, me mettre au désespoir. Je te renvoie la Rose pour quérir ma jument afin de t'aller joindre. Si tu ne veux venir, je suivrais ta destinée. Si j'avais trouvé un cheval, je serais parti ce matin, mais il n'y en a point du tout. Il m'est impossible d'aller à pied.

Je suis à toi plus qu'à moi-même.

une maison près de la porte Saint-Pierre, dans la Grande-Rue, avec jardin et verger ». C'était la maison de son arrière-grand-père.

Tout ce qu'il eut à payer pour les créances qui grevaient Vors le força à emprunter un peu à tout le monde.

Effrayée de cete situation, Mme de La Morte et son fils François demandèrent en 1705 que la substitution prescrite par Pierre de La Morte fût exécutée immédiatement, de peur qu'il ne restât bientôt plus rien de la fortune paternelle.

Elle se fit colloquer la terre de La Motte-Chalancon.

L'année suivante François mourut devant Turin, mais la discussion civile des biens de Charles fut commencée et poursuivie avec âpreté. La maison de Grenoble est donnée à Jean-René[1].

La séparation entre les époux devint irrémédiable. M. de La Morte vécut à Vors et sa femme à La Motte-Chalancon.

Elle y mourut le 5 septembre 1724 de la petite vérole, c'est le curé du lieu qui fut chargé de l'annoncer à son mari.

Monsieur,

Il est triste et affligeant de renouveler la grande perte que vous avez faite de Mme de Laval.

Elle est trop sensible à celui qui a l'honneur de vous être entièrement dévoué depuis de longs jours pour ne prendre pas la liberté de vous en témoigner sa juste douleur et avoir celui de la joindre avec la vôtre.

Cette privation, que la Providence a jugé de même, est étrange, non seulement à tous ceux qui lui appartenaient

[1] Elle payait, en 1696, pour les lanternes, 48 livres 16 sols 11 deniers.

par les liens de la chair et du sang qui les unissaient, mais encore à tous les habitants de cette terre qu'elle protégeait, aimait et donnait tous les secours nécessaires dans leurs présents besoins, exerçant en eux toute sa charité, étant devenue la mère des pauvres nécessiteux.

Ses qualités supérieures, son mérite infini et ses vertus éclatantes la font certainement regretter à tout ce qu'il y a de raisonnable en cette province. J'en découvre une étincelle par l'abattement de tout le peuple de ce lieu et de quelques voisins.

Mais aussi il est bien consolant, ce qui doit vous dédommager, qu'elle ait donné un grand exemple dans votre terre de La Motte, présumant qu'elle jouit du repos des justes, s'étant réconciliée avec Dieu, fait sa paix avec lui dans sa maladie de mort qui a été de huit jours de la petite vérole, ayant donné des marques sensibles de catholicité et de conversion par la réception des sacrements de pénitence et de l'extrême-onction.

Son corps repose dans notre église paroissiale, s'étant choisi elle-même le lieu et place du banc que vous y avez fait dresser. M. de Malissoles, M. le comte de La Roche et Mme la Comtesse ne l'ont jamais perdue de vue, ayant toujours eu les médecins, chirurgiens et apothicaires tout le temps de sa maladie, depuis sa naissance jusqu'à sa fin.

Ils l'ont si bien ménagée qu'elle a mis ordre à tout, soit pour le spirituel, soit pour le temporel, ce qui est un coup du Ciel.

Son enterrement a été pompeux et magnifique selon le pays. Un grand nombre de prêtres voisins y ont assisté et il a été chanté une grand'messe. Il y a eu quarante pauvres des plus nécessiteux habillés, une infinité de flambeaux allumés, et suivi de M. le Comte en habit de deuil, et de M. de Malissoles qui à peine pouvait marcher, soutenu par autrui, encore couvert de sa petite vérole desséchée, aujourd'hui étant, grâce au Seigneur, parfaitement bien. Mme de La Roche n'ayant pu s'y rendre pour s'être trouvée dans le feu de sa petite vérole dont, grâces soient rendues au Ciel, il n'y a jamais eu danger de mort et encore moins aujourd'hui.

Monsieur, voilà la situation des choses dans leur naturel qui demandent à se consoler avec le *Seigneur*, faire un bon usage des châtiments dont Dieu nous afflige, se mettre en état de dire avec le prophète Jérémie : *Castigasti me et eruditus sum*. Vous m'avez châtié, Seigneur, mais ce n'est pas en vain. J'ai tâché de profiter de l'instruction qu'il vous a plu de me faire par l'adversité. Se frapper des paroles que la sainte et sage Judith inspirait au peuple de Béthulie, croyant, disait-elle, que les peines qui nous viennent de la part de Dieu ne sont pas des châtiments d'un juge qui veut nous perdre, mais d'un père qui a dessein de nous corriger : *ad emendationem et non ad perditionem nostram*. En un mot, mettons-nous dans l'esprit : *Dominus mortificat et vivificat*, que Dieu préside à tous les événements de la vie. C'est lui qui mortifie et vivifie, qui guérit et fait le mal, qui donne la mort et qui rend la vie. Ainsi, les maux qui nous arrivent par ses ordres, sont des instruments dont la Providence se sert pour sa gloire et de projets pour notre salut.

J'ai l'honneur d'être jusqu'au tombeau, avec la plus grande considération du monde et un profond respect, votre très humble et très obéissant serviteur.

ROUX, curé.

Mme de La Morte avait cinquante-huit ans, elle laissa sa fortune à son fils, fit des legs à ses filles. Son mari n'est même pas nommé dans son testament.

Après la mort de sa femme, Charles de La Morte, quoique goutteux, se transporta à Vors et y reçut son fils avec amitié. Sachant qu'il aimait beaucoup cette terre où il avait passé une partie de son enfance, il lui proposa de la lui céder moyennant une petite pension. Jean-René, mal conseillé, poussé par son oncle de Montauban, mit tout sous clé et prit les bijoux de sa mère. Son père

Dans mon cœur il vivra sans cesse;
Et l'Art qui le retrace à mes justes regrets,
Ne sçauroit exprimer l'excés de ma tendresse,
Comme il offre à mes yeux l'Image de ses traits.

FILIUS OFFEREBAT

lui réclama sa vaisselle. Pour se venger, il alla manger à l'auberge et défendit aux fournisseurs de lui donner quoi que ce soit. Il profita même d'une courte absence pour emporter la vaisselle et les bijoux ; il lui prit aussi deux pièces de toile.

Les choses en étaient donc arrivées à un état affreusement aigu. M. de La Morte, dont tout le bien était saisi, qui prétendait avoir fait retourner le seul habit qui lui restait, se fit déclarer indigent et menaça son fils de se remarier.

Après avoir été plaidé à Grenoble, ce triste procès fut soutenu à Paris et Me Brenier, avocat, fut chargé d'aller l'y suivre.

M. de Fontanieu s'interposa sans succès.

Le père et le fils finirent par faire la paix en 1730. M. de La Morte abandonna tous ses biens. Jean-René s'engagea à lui fournir une pension et à traiter avec ses créanciers.

Jean-René de La Morte-Laval avait été reçu le 30 décembre 1710, à l'âge de neuf ans, sous-lieutenant à la compagnie de Coulon dans le régiment commandé par son oncle, M. de La Chau-Montauban, et nommé lieutenant en second de la compagnie de Darenne du régiment de Lenoncourt en 1721.

Il n'est pas étonnant que, vivant entre ses parents désunis, sa jeunesse ait été orageuse. Il eut, en 1723, une histoire fort désagréable.

Le premier étage de sa maison, rue de Bonne, était loué à Mme de B*** dont les trois filles étaient, paraît-il, un peu trop aimables pour les officiers de la garnison. L'aînée, Catherine, devint grosse, eut une enfant, accusa son propriétaire d'en être le père et demanda une indemnité.

Il s'en défendit, soutenant que la demoiselle avait eu des relations particulières avec plusieurs personnes, que sa mère avait une conduite des plus douteuses. Il offrit des témoins et demanda une confrontation.

Le procès fut jugé devant M. de M***, parent de Mme de B***, et Jean-René fut condamné à payer 15,000 livres.

C'était un peu dur. Il se pourvut en cassation et plaida : « Qu'une sœur de Catherine, mariée, n'avait eu que 6,000 livres de dot, et que la somme à laquelle il était tarifé était une prime donnée au crime et à la liberté des filles. Si en s'abandonnant à quelqu'un, elles peuvent plus espérer, dès lors qu'elles seront grosses, que ce qu'elles auraient eu en mariage, ne se trouveront-elles pas invitées par une double passion de plaisir et d'intérêt à prévenir les cavaliers et à faire éclater leur scandale ?

« M. de La Morte étant mineur et ayant un père, une pareille condamnation n'aurait d'autre but que de forcer le père et le fils à consentir à un mariage. Et alors ce serait mettre les enfants dans le cas de pouvoir forcer leur père à consentir à des mariages qui auraient eu pour principe le libertinage. »

Le Parlement ne semble pas avoir très bien compris ces raisonnements pourtant si probants, car, en 1732, Catherine de B*** fit saisir Vors. On s'arrangea. Tout en étant inconséquent et léger, le jeune officier qui avait été nommé garde du corps de Sa Majesté en 1731, savait être sérieux et s'occuper de ses affaires. Il s'était même acquis, à La Motte-Chalancon où il allait souvent, une certaine autorité. Nous l'y voyons appelé en 1733 pour calmer par sa présence les esprits agités.

MONSIEUR,

J'ai omis dans la lettre que j'ai eu l'honneur de vous écrire en date du 10 juillet, ne la croyant pas si certaine que la présente, savoir que le dernier voyage que vous avez fait dans votre terre de La Motte avait eu un effet admirable et étonnant dans les esprits de vos habitants nouveaux catholiques. A présent ils se démentent d'une telle manière que l'on voit, certains jours de chaque semaine, des personnes de tout sexe qui, dès la nuit, sortent du lieu et vont en campagne comme des égarés, tous rompus et en désordre, l'un tirant d'un côté et les autres d'un autre, c'est-à-dire un à un, deux à deux et faisant presque toujours face du côté de Chalancon. Ils ne se retirent qu'au point du jour dans le même ordre, les uns après les autres. Ces fréquentes désertions et ces mouvements singuliers et nocturnes donnent lieu aux anciens catholiques à raisonner et à juger qu'à coup sûr ils s'assemblent, quoique jusqu'à présent on ne sait précisément où ils s'arrêtent, Monsieur, de sorte que votre autorité est, dans ces circonstances, très nécessaire pour les contenir de nouveau, comme elle avait fait auparavant, attendu que toutes ces dispositions ne tendent qu'à de mauvaises fins et à faire écraser ce pauvre peuple effarouché qui est le vôtre et qui mérite d'être conservé, et qui, dans la suite, pourrait devenir plus libertin. Vous en sentez parfaitement les suites fâcheuses et les tristes événements qui en peuvent revenir, ce qui demande de votre charité et bonté ordinaires le remède le plus prompt et le plus convenable afin de soumettre ces esprits indociles. Telle est la situation du temps présent. Vous ne sauriez agir plus fructueusement que d'imposer silence à cette terre, qui, certainement, vous écoute autant que toute autre puissance. Ainsi cette grâce est indispensable pour le bien de ce pauvre peuple, que je regrette du meilleur de mon cœur, qui vous est précieux comme celle que vous demande actuellement celui qui a l'honneur d'être, avec une parfaite considération et un profond respect, votre très humble et très obéissant serviteur.

ROUX, curé.

Enfin, une jeune veuve habitait le château de La Combe de Lancey. C'était Marie-Louise de Francon, fille de Aymard de Manent de Monthaut et de Laure de l'Homme. Elle était née à Saint-André-en-Rozans, du diocèse de Gap.

On raconte que l'admirable vue, dont elle jouissait sur la vallée du Graisivaudan, que la contemplation des méandres de l'Isère dessinant la première lettre de son nom ne suffisaient pas à son bonheur.

Elle s'y ennuyait. Elle avait des aspirations à descendre des hauteurs et à voir la plaine de plus près. Elle regardait Vors à ses pieds avec envie. La réputation d'homme à bonnes fortunes du propriétaire, qu'elle voyait souvent, y était peut-être bien pour quelque chose.

Jean-René, en l'épousant le 7 juillet 1736, réalisa son rêve.

Elle n'en jouit pas longtemps, car elle mourut le 2 septembre 1738.

Son mari resta au service. En 1737, il était lieutenant de dragons au régiment de la reine; en 1743, il est nommé capitaine au régiment de Turenne et mourut l'année suivante[1].

Leur fille unique, Thérèse de La Morte-Laval, fut mise au couvent. A dix-sept ans, elle épousa François de Chastellard, brigadier des armées du roi, lieutenant-colonel des gardes lorraines. Les promesses furent données dans la salle de Montfleury le 6 décembre 1755.

Ainsi finit cette maison.

[1] Il avait un enfant naturel qu'il avait placé en apprentissage chez le s[r] Soffreon, perruquier.

Je soussigné Jean de La Morte, fils naturel de noble Jean-René de La Morte de Laval, reconnais avoir reçu de M. Claviere, tuteur de Mlle de Laval, la somme de 96[l] à compte de l'entretien à moy promis par le dit seigneur de Laval dans mon brevet d'apprentissage du 6 mars 1743.

De laquelle somme je quitte à Grenoble, le 2 octobre 1744.

JEAN LAVAL.

GÉNÉALOGIE DES LA MORTE-LAVAL

JEAN-FRANÇOIS DE LA MORTE, épouse Louise d'Armand. Ils testent en 1625.

JEAN DE LA MORTE, né en 1576, trésorier de l'extraordinaire des guerres en 1598, anobli en 1606, épouse Magdeleine de Bérenger-Pipet, teste en 1640.

CLAUDE DE LA MORTE, épouse, le 21 janvier 1632, Anne Magnan.

JACQUES DE LA MORTE, docteur avocat.

PIERRE DE LA MORTE.

LOUIS DE LA MORTE, capitaine-major au régiment de Vernatel, *tué* au siège d'Orbitello, 1647.

THÉAUDE DE LA MORTE, ép. Jean Dupuis.

YSABEAU DE LA MORTE, épouse Daniel Jourdan, notaire à Die.

MARIE DE LA MORTE, épouse Jean Planté.

FRANÇOIS DE LA MORTE, capitaine au régiment de Vernatel, épouse ?, épouse Lucrèce de d'Orgeoise de Montferrier, mort en 1665.

PIERRE DE LA MORTE-LAVAL, capitaine au régiment de Normandie, épouse Anne d'Armand, 26 mai 1655.

JEAN-FRANÇOIS DE LA MORTE, seig^r de Martouran, capit. au régim^t d'Enrichemont, épouse Geneviève de Vesc, 28 fév. 1644, épouse Madeleine de Philibert, 28 fév. 1646, meurt 12 mars 1651.

Henry DE LA MORTE, tué en Hollande, 1626.

André DE LA MORTE, tué d'une blessure à la prise de Ruffait, 1635.

ALEXANDRE DE LA MORTE, capit.-major au rég^t de Turenne, *tué* à Arras, 1655.

LOUISE, épouse Marc Rozet, conseiller à Genève.

MADELEINE, épouse, 1630, Charles Tonnard.

ANTOINE, fils naturel.

(Enfants de François de La Morte) 1er lit. LUCRÈCE-MARIE. — 2e lit. PIERRE.

(Enfants de Pierre de La Morte-Laval) PIERRE-CHARLES DE LA MORTE-LAVAL, ép., 25 sept. 1685, Alexandrine de La Tour-Montauban, teste 1729, meurt 1734. — PIERRE, enfant naturel.

(Enfant de Jean-François de La Morte) FRANÇOIS DE LA MORTE, meurt en 1655.

(Enfant d'André de La Morte) MARIE DE LA MORTE, fille naturelle, teste en 1645.

(Enfants de Madeleine) OLYMPE, épouse Alexandre des Adrets. — FRANÇOISE.

FRANÇOIS DE LA MORTE, né le 1er novembre 1689, *tué* à Turin en 1706.

JEAN-RENÉ DE LA MORTE-LAVAL, né en 1701, capitaine au régiment de Turenne en 1743, épouse, le 7 juillet 1736, Louise de Manent de Monthau, mort en 1745.

LUCRÈCE DE LA MORTE, épouse, 1703, Gaspard de Martin de Champoléon; épouse, 1722, Pierre Artaud de Montauban, c^te de La Roche.

MADELEINE DE LA MORTE, à Genève, pour cause de religion.

(Enfant de Jean-René) THÉRÈSE DE LA MORTE-LAVAL, épouse François de Chastellard, maréchal de camp en 1755.

PARENTÉ ET ALLIANCES DES LA MORTE-LAVAL

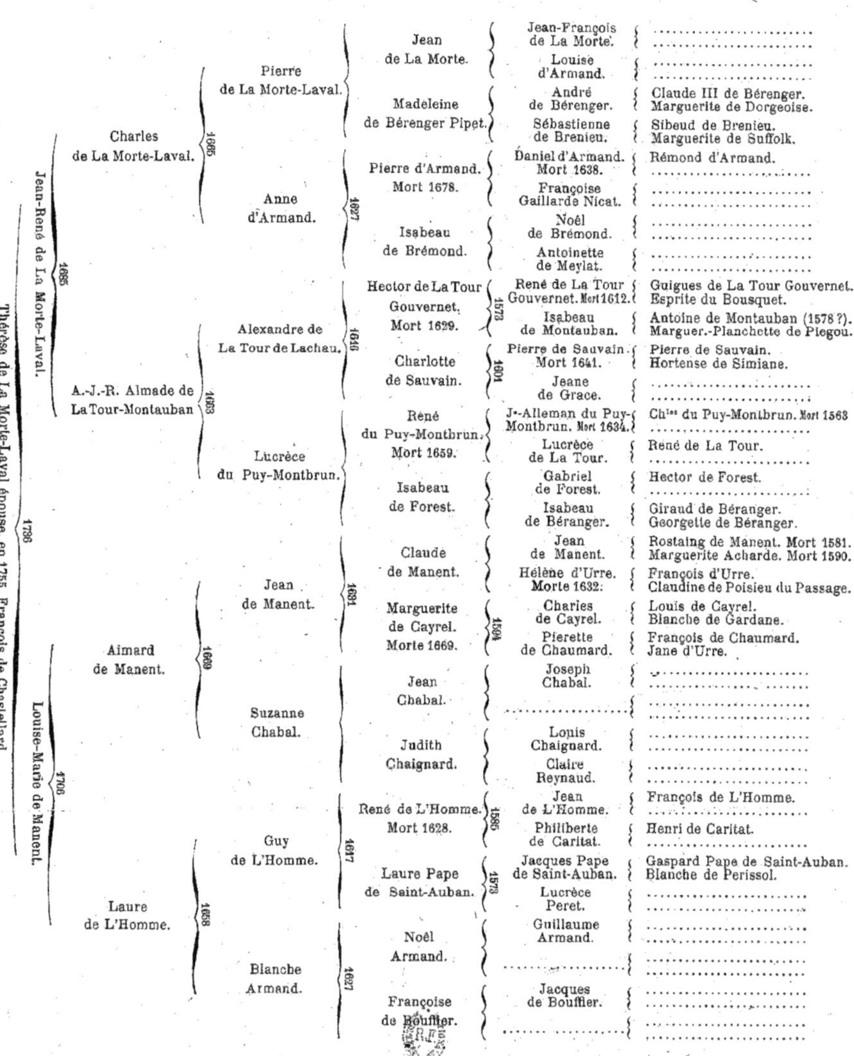

www.ingramcontent.com/pod-product-compliance
Lightning Source LLC
LaVergne TN
LVHW010037230826
846091LV00005B/1750
* 9 7 8 2 0 1 2 9 2 3 6 1 4 *